La NATURALEZA de la materia

Debra J. Housel, M.S.Ed.

Asesoras

Sally Creel, Ed.D.
Asesora de currículo

Leann Iacuone, M.A.T., NBCT, ATC
Riverside Unified School District

Créditos de imágenes: Portada y pág.1 Phil Degginger/Science Source; págs.28–29 (ilustraciones) J.J. Rudisill; todas las demás imágenes cortesía de Shutterstock.

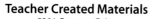

Teacher Created Materials
5301 Oceanus Drive
Huntington Beach, CA 92649-1030
http://www.tcmpub.com

ISBN 978-1-4258-4663-3

Contenido

La materia está a tu alrededor

Todo está hecho de materia. ¡Todo! La materia puede ser algo que ves o algo invisible.

Tú estás hecho de materia. El aire que respiras es materia. El agua que bebes es materia. Tu silla también es materia.

Los sólidos, los líquidos y los gases tienen **masa**. La masa es la cantidad de material que contiene un objeto. Todos tienen **volumen**, también. Es decir, la cantidad de espacio que ocupa un objeto.

La niña está hecha de materia. Sus molinetes y el aire que los hace girar son materia también.

Los sólidos son materia

Un sólido puede ser duro o blando. Puede ser grande o pequeño. Algunos sólidos son diminutos. La sal, la arena y el polvo son sólidos diminutos. Los muros y los caminos son sólidos que no son tan diminutos. Son enormes.

El diamante es el material natural más duro.

El carbón es sorprendente

El carbón es un sólido. Puede ser un diamante duro o un lápiz de mina blanda.

Un sólido tiene su propia forma. Si lo pones en un recipiente, no se **adaptará** a la forma del recipiente. Por lo tanto, si llenas una jarra con cuentas de plástico, cada cuenta conserva su propia forma.

Los sólidos pueden cambiar

Cortar un sólido cambia su tamaño y su forma.
Algunos sólidos pueden doblarse o retorcerse. Por
ejemplo, una cuerda es un sólido. Puedes doblarla o
ponerla recta. A la arcilla se le puede dar forma. Luego,
conserva esa forma hasta que la vuelves a cambiar.

La plastilina puede moldearse de muchas formas diferentes.

Los sólidos pueden unirse para formar un nuevo sólido. Ocurre cuando apilas bloques de construcción para formar una torre. Los sólidos también pueden separarse. Esto ocurre cuando tumbas la torre.

Los bloques de madera pueden apilarse uno arriba de otro porque son sólidos.

Algunos cambios no pueden deshacerse

Muchos sólidos cambian cuando se calientan. Si calientas una barra de mantequilla, se derretirá y se convertirá en líquido. Si calientas una hoja de papel, se quemará y se convertirá en cenizas.

La mantequilla derretida se volverá sólida nuevamente cuando se enfríe. Incluso puede volver a su forma original si se enfría en un **molde**. Pero el papel quemado no puede restaurarse. Cuando se enfríe, el papel seguirá siendo cenizas.

Esta mantequilla líquida puede volver a convertirse en sólido.

El fuego puede tener diferentes colores según lo que se esté quemando.

El papel se quema y se convierte en cenizas.

Cómo se comportan los sólidos con los líquidos

Algunos sólidos se **disuelven** en los líquidos. Si revuelves el azúcar en agua, se disolverá. Parece que el azúcar ha desaparecido, pero todavía está ahí. Si pruebas el agua, será más dulce de lo normal.

Algunos sólidos flotan en agua. Otros se hunden. ¿Por qué? Esto tiene que ver con la masa. Si la masa de un sólido empuja una masa igual de agua fuera del camino, el objeto flotará. Si la masa del sólido empuja una masa más pequeña de agua fuera del camino, este se hundirá.

Una moneda de un centavo se hunde en el agua.

Grandes trozos de hielo llamados *témpanos* flotan en el océano.

Esta limonada toma la forma de cada vaso.

Los líquidos son materia

Un líquido puede ser espeso como el pegamento o puede ser menos denso como el jugo. De cualquier manera, un líquido no tiene una forma propia. Cuando un líquido se vierte en un recipiente, toma la forma del recipiente. El líquido puede verterse en un vaso alto y angosto. También puede verterse en un vaso corto y ancho.

Cuando se derrama agua, deja su recipiente y se esparce.

Cuando derramas un líquido, se esparce. No conservará una forma. No tiene una forma consistente sin un recipiente.

Calentar un líquido lo cambiará. Si se calienta agua, hervirá. Cuando el agua hierve, forma burbujas de **vapor** de agua, que suben a la superficie y explotan. Luego, el vapor sube al aire.

Estas burbujas son un gas que se forma cuando el agua hierve.

Enfriar un líquido también lo cambiará. Cuando el vapor de agua en el aire se enfría, forma nubes. Cuanto más oscura es la nube, más vapor de agua contiene.

Si pones un vaso de jugo en el congelador, lentamente se convertirá en un sólido. Una paleta comienza siendo algo líquido. Se enfría para convertirse en un sólido.

La primera paleta la inventó un niño de 11 años llamado Frank Epperson en 1905.

Evaporación y condensación

La **evaporación** ocurre cuando un líquido se seca. El lunes por la noche, llueve. Ves un charco el martes. Para el miércoles, el charco ha desaparecido. ¿A dónde se fue? El agua del charco se convirtió en vapor. Está en el aire.

El agua en esta tetera está tan caliente que se está evaporando.

Este vapor volverá a ser agua líquida. Cuando esto ocurre, se denomina **condensación**. El agua puede formar rocío sobre el césped. El rocío se forma cuando el vapor de agua en el aire se enfría. Si está muy frío, el rocío se convierte en escarcha. La escarcha es rocío congelado.

La condensación se forma en una ventana fría que entra en contacto con el aire caliente y húmedo.

Los gases son materia

El gas es un estado de la materia. El aire está compuesto por varios gases. Es en su mayoría nitrógeno con algo de oxígeno. No puedes ver el aire, pero puedes sentir cómo se mueve en un día ventoso.

La mayoría de los gases no pueden verse. El gas no tiene su propia forma. Se esparce para llenar un espacio o un recipiente. Si tienes un frasco vacío, en realidad está lleno de aire. Cuando soplas en un globo, el aire toma la forma del globo.

¡Gas al rescate!

Las bolsas de aire se llenan de gas rápidamente para ayudar a proteger a las personas durante un choque.

El humo que sale de esta hoguera se esparce por el aire que se mueve.

Es difícil ver esta montaña porque el vapor de agua se ha condensado para formar esta niebla.

21

Los gases andan a la deriva

Los gases no se quedan en un solo lugar. Andan a la deriva. Por eso puedes sentir un olor tan lejos de su origen. Por ejemplo, el perfume es un líquido. Cuando rocías el perfume, parte del perfume se evapora. El vapor se esparce por la habitación. Una persona que se para al otro lado de la habitación olerá el perfume. Los desodorantes de ambiente funcionan de la misma manera.

Dióxido de carbono

El dióxido de carbono es un gas que forma burbujas en los refrescos.

Las flechas rojas muestran el aire tibio que sube. Las flechas azules muestran el aire frío que desciende.

24

Los gases pueden cambiar

Enfriar un gas puede cambiarlo. El vapor de agua es un gas. Cuando el vapor de agua se enfría, se convierte en agua líquida. Si el agua se enfría lo suficiente, se congela y se convierte en hielo.

Calentar un gas también puede cambiarlo. El aire caliente sube. El aire más frío se apura para ocupar su lugar. Así es cómo se calienta tu casa. El aire caliente sube desde la caldera. El aire más frío entra en la caldera. El aire se calienta y vuelve a entrar a la casa.

Calentar el aire hace que el viento sople. El sol calienta el aire, el cual sube. El aire frío se pone en su lugar. Este movimiento hace que el viento sople las nubes a su alrededor.

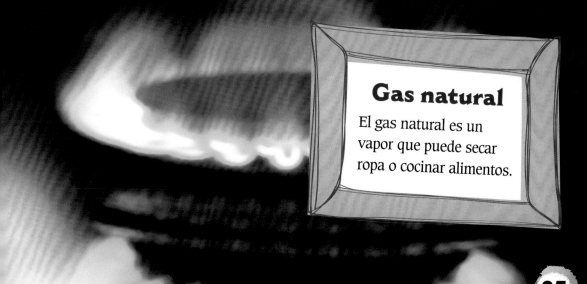

Gas natural

El gas natural es un vapor que puede secar ropa o cocinar alimentos.

Estados de la materia

La sopa de fideos caliente tiene los tres tipos de materia. Tiene un sólido, un líquido y un gas: fideos, caldo y vapor.

El agua cambia de estado frecuentemente. Lo observamos en el invierno. En un plazo de horas, el agua puede cambiar de vapor (en una nube), a un sólido (nieve) y a un líquido (cuando se derrite). Pero la materia en su mayoría se mantiene en el estado en el que se encuentra.

Esas son buenas noticias. Esperamos que la leche sea líquida, las sillas sólidas y el aire gaseoso. ¡Piensa en lo raro que sería si una silla fuera líquida o si la leche fuera gaseosa!

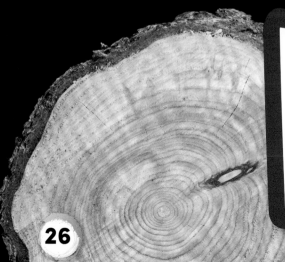

La materia tiene propiedades

La corteza del árbol es dura, resistente y marrón. Esas son algunas de sus propiedades.

El vapor es un gas.

El caldo es un líquido.

Los fideos son sólidos.

¡Hagamos ciencia!

¿Qué estados de la materia puedes observar?

¡Obsérvalo por ti mismo!

Qué conseguir

- ○ agua
- ○ recipiente grande
- ○ servilleta de papel
- ○ vaso

Qué hacer

1 Llena un recipiente grande hasta dos tercios con agua.

2 Enrolla la servilleta de papel. Presiónala en el fondo del vaso.

3 Invierte el vaso y presiónalo en el fondo del recipiente.

4 ¿La servilleta se mojó? ¿Por qué, o por qué no? ¿Qué estados de la materia ves en este experimento? Explica.

Glo

adaptará: tomará la forma o el contorno de otra cosa

condensación: el proceso mediante el cual un gas se enfría y se convierte en líquido; pequeñas gotas de agua que se forman en una superficie fría

disuelven: se mezclan con un líquido y se convierten en parte del líquido

evaporación: el proceso de cambiar de un líquido a un gas

masa: la cantidad de materia (material) en algo

molde: un recipiente que se usa para darle forma a algo que se vierte o se presiona contra él

vapor: un líquido en la forma de un gas

volumen: la cantidad de espacio que ocupa algo

Índice

La materia de chocolate

¿Qué estados de la materia se encuentran en una taza de chocolate caliente con malvaviscos que emana vapor? Haz un dibujo de la bebida. Rotula cada tipo de materia.